Marion Jana Goeritz

Eine Reise irgendwo hin

Bibliografische Information der Deutschen Nationalbibliothek:

Die Deutsche Nationalbibliothek verzeichnet diese Publikation in der Deutschen Nationalbibliografie; detaillierte bibliografische Daten sind im Internet über http://dnb.dnb.de abrufbar.

© 2016 Marion Jana Goeritz

Coverbild: Marion Jana Goeritz

Herstellung und Verlag: BoD – Books on Demand, Norderstedt

ISBN: 978-3-7421-0042-8

Herzlich Willkommen liebe Leser,

vieler meine Gedanken und Gefühle habe ich wieder mit Freude zu Gedichten gewebt.

Wenn sie mögen, reisen sie durch diese Zeilen und schauen sie durch ein klares Fenster hinaus. Vielleicht mögen sie hier und da aussteigen und tiefer fühlen, um später noch anderes zu entdecken.

Auf ihrer ganz eigenen Lebensreise und auf dieser Entdeckungsreise, welche sie in ihren Händen halten, wünsche ich ihnen viel Freude.

Herzlichst

Marion Jana Goeritz

Ein leiser Ort in meiner Seele
ich fand ihn einst in grauer Nacht
still schweigend
sah ich mich in ihm wohnen
nahm wahr
was mich nicht glücklich macht
ein kleines Licht hab ich gesehen
es schien ganz winzig nur zu sein
und doch
setzte ich mich zu ihm daneben
und empfand
ist es auch noch so klein
es hilft zu sehen
und eines Tages
wird es ein großes Licht dann sein
und aus dem leisen Ort
in meiner Seele

7

darf ich gehen und größer sein

Was die Nacht mir auch erzählt

ich warte bis zum Morgen

im hellen Sonnenlicht

erinnern sich meine Gefühle auch
an das funkelnde Sternenlicht

an die silberne Sichel

am Firmament

mein Herz

spricht nicht nur bei Nacht

ich lausche ihm auch am Tag

und entscheide mich dann

denn nur im hellen Sonnenlicht
könnte ich auch die Lüge sehen

Wenn die Sonne die Erde wärmt

ihre Strahlen sich neigen

der Horizont bunt sich färbt

was wird noch bleiben

eine schöne Erinnerung im Herzen

und in der Seele

eine leise anklingende Freude

für den neuen Tag

Sternenmeer

bewegt sich hin und her

auf den Meereswellen

sie schaukeln es tief in ihre Seele

der geborgte Glanz erlischt

noch bevor der erste Sonnenstrahl

das Meer am Morgen küsst

Wenn meine Welt sich dreht

deine aber still steht

schaust du mir zu

staunst über meinen Mut

wenn deine Welt sich dreht

meine aber still steht

schau ich dir zu

staune über deinen Mut

und drehen sich

unsere beiden Welten

berühren sich unsere Herzen

unsere Seelen führen uns

in unsere Welt

Das Warum

sollte doch gehört werden

erst dann entschieden

Sie fährt durch die Lande
dort wo ihre Seele es fühlt
bleibt sie und spielt
die Menschen sie kommen
von nah und fern
sehen ihr zu bei ihrem Spiel
und wieder
lässt sie die Puppen tanzen

Da sitze ich

meine Haut an die deine gelehnt

schaue weit hinauf

ins Himmelblau

Gedanken

verlieren sich in der Ferne

ich erzähle nichts

sitze einfach nur da

und kein Gefühl auf dem Weg

eine Leere in mir die mich

doch nichts vermissen lässt

sie füllt sich mit Stille

nur ein Vogelschrei weckt sie auf

Immer noch

halte ich den Mantel meiner Seele
schützend über sie

auch an Sommertagen

so wird es auch bleiben

alte verschlungene Wege

längst verlassen

mein Herz befreit aus alter Last

die Liebe die ich nicht kannte

fühlte ich an einem traurigen Tag

ich blickte sie traurig an

und sie lies mich fühlen

ich bin stark

so fand ich den meinen Weg

unter vielen

und gehe ihn heute in Freude

Liebe

Die Wanderin in dir bricht auf

die Suche ist vorbei

sie wurde gefunden

Zeichen

die ihre Seele erhellten

trägt sie nah bei sich

ihren Rucksack

noch auf ihrem Rücken

alte Manier

doch sie wird bleiben

sie fühlt

es ist ihr Ort

ihre Zeit

es ist ihr Ding nun zu bleiben

für eine ganz lange Zeit

Ist der Tag zu müde
legt er sich schlafen
unter ein helles Sternenmeer
wie kleine Lichter
funkelt es durch die Nacht
er schläft ein
und am Morgen
erwacht er mit Sonnenschein

Die Straßen der Erinnerung
in meinen Gedanken
sind sie farblos

19

*Die Tiefe des Ozeans
sie fühle ich in meiner Seele*

Ich male mir meinen Tag
an jedem neuen Morgen
mit all meinen Seelenfarben
gute Gefühle begleiten mich
denn meine Gedanken von gestern
erzählten von Liebe

Da gibt es ein Gefühl das erzählt
und dann dass
was du siehst
du erkennst sofort
diesen großen Spagat
dieses
das was du siehst
nur das sollst du sehen
doch du weißt genau
das ist nicht dass
was der andere fühlt
du bist still und gehst deiner Wege
was der andere dir
auch immer zeigen möchte
oder du sagst was du fühlst
sehr oft gehst du dann auch allein

der andere allerdings
bleibt mit Angst im Gefühl zurück
wenn er sich weiter selbst belügt
und
was hat das alles mit dir zu tun
habe den Mut
schau hin und erkenne
du bist gewachsen

Ich fühlte mich verloren
kein Weg führte zurück zu dir
alle Türen schienen verschlossen
alle Fenster ohne Blick nach außen
und ich mochte nicht sehen
das was in mir war erlösen
ich mochte nur eines
wissen das ich da raus komme
seine Seele weinte
er lies sich nicht helfen

Glänzend

berühren die Sonnenstrahlen

des Wassers kühle Welle

leise

singt das Kind vom Sturm

sein Lied

so schaue ich weit in die Ferne

und lausche dem Gesang

vom Wind

er erzählt

von den Weiten des Landes

von Menschen

die lieben so wie ich

erzählt von großen Träumen

die des Nachts geboren

und doch den Tag noch sehen

leise berührt der Wind scheinbar
den Mantel meiner Seele

ich knöpfe ihn einfach auf

und lass geschehen was ich sehe

in mir Licht und Liebe

Berühre mich
auf meiner Seelenhaut
fühle mich
so wie ich bin
erzähle mir
von deiner Liebe
lass mich fühlen
wer ich bin
so berühre ich dich
auf deiner Seelenhaut
und du fühlst
wer du bist
ich erzähle dir
von meiner Liebe
und du darfst fühlen
das du es bist

Wenn sich das Rad vorwärts dreht
erkunden wir die Welt
es läuft und läuft und hält da an
wo es uns gefällt
doch manchmal
läuft es weiter auch ohne uns sogar
wir bleiben stehen und ruhen aus
doch wird die Stille dann zu laut
und Neugier macht sich breit
begeben wir uns hin zum Rad
vorbei die stille Zeit
es läuft und läuft
und an manchem Tag
ist die Erinnerung ganz wach
so fahren wir im Rückwärtsgang
hin zu manch erlebten Tag
erleben altes noch einmal

oder wieder neu
vielleicht auch anders
an diesem Tag
an dem wir gerade
rückwärts fahren
doch es ist nicht immer
gut das Ding
manchmal aber schon
und wenn ein Lichtstrahl nur
das Herz berührt
dann hat es sich gelohnt

Manchmal gab es Tage
da stand meine Welt still
ich glaubte mich verirrt zu haben
sah in ein ruhendes Licht
und fühlte wieder meinen Weg
dankbar

Erzähle ich vom Meer

sehe ich die Wellen

mit Kraft ans Ufer rollen

die Weite des kühlen Nordens

vor meinem Augen

den grauen Himmel

der den Regen fallen lässt

bis das Himmelblau sich zeigt

und weiße Wolken hoch fliegen

Ein Boot

einsam am Ufer

die letzte Reise noch im Gepäck

sie erzählt von schönen Stränden

von weißem Sand

und grünen Hügeln

vom Lachen und vom Weinen auch

erzählt von Himmelblau und Grau

von Menschen

die einst mit ihm fuhren

ein Boot am Ufer einsam liegt

es spricht von seinen Erinnerungen

ganz still

Wenn am Morgen
über den Dächern der Stadt
der Tag beginnt
lautlos die Nacht
ihr Sternenhemd hinab lässt
der erste Sonnenstrahl
sich am Fensterglas bricht
und ein Vogel sein Liedlein singt
stehe ich in der Küche
und koche Kaffee :)

Der Wind

erzählt von einer weiten Reise

durch Länder hinweg

bewegt er dass

was nicht festgehalten wird

lässt es hoch und weit fliegen

Auf weiten Schwingen

fliegst du

durch die dunklen Nächte

silbern funkeln

die Sterne am Firmament

Glück noch nur in der Ferne

doch am Morgen

beim ersten Sonnenstrahl

steigst du

von den weiten Schwingen

und ich sehe Glück

in deinen Augen

Fragen

die diese Welt nicht stellt

wo wohnen sie

leben sie allein

bekommen sie Besuch

geben sie Feste

halten sie sich an den Händen

Fragen über Fragen

Bilder der Vergangenheit
sie sind farblos
fast unsichtbar
leichte Konturen
zeichnen noch den Weg
das Herz es fühlt noch die Leere
auch wenn sie heute gefüllt ist
mit Liebe

Möchtest du nicht auch

eine Liebe

die alles da gewesene Gefühl

bisher übertrifft

die dich kaum noch schlafen lässt

weil du Angst fühlst

den anderen

nicht sehen zu können

eine Liebe

die dich Frieden

und Ruhe atmen lässt

und von Glück erzählt

möchtest du nicht auch

eine Liebe

die dich ein Leben lang

im Arm hält

und dir nicht nur sagt

auch dich fühlen lässt

du bist alles für mich

dann sprich mit deinem Herzen

Schmetterlingsbunt und federleicht

durchströmen die guten Gedanken
den Raum

ich öffne ein Fenster nach draußen

und sie fliegen hoch

es bleibt kein Traum

Wie ein Sternenmeer

so funkelt am Abend

das Firmament

so weit das Auge blicken kann

die gelbe Sichel des Mondes

sie liegt in den Sternen wie ein Boot

es fährt durch das Sternenmeer

in der Nacht

erzählt tausend Geschichten

ganz leise

eine von zweien

die sich nicht kennen

und sich doch brauchen

um glücklich zu sein

Wagen ziehen durch die Stadt

bunt bemalt

rot und gelb

wie ein Sonnenuntergang

Musik erklingt

höre die Stimmen im Chor

melancholisch mit einem Glas Wein

schauen sie aus ihrem Wagen

und luden mich ein

zögernd doch neugierig zu gleich

begab ich mich zu ihnen

ich sah eine Frau und fühlte nun

meine Seele

sie war einmal eine von ihnen

heute singt sie andere Lieder

Hinaus aus der Stadt
weg von allem
dass mir die Luft
zum Atmen nimmt
Land eben oder hügelig
Berg oder Tal
See oder Fluss
es muss in mir fließen
immer wieder
wie ein frischer Quell

Einst

ging ich durch den warmen Sand

meine Füße

umspült von sanften Wellen

mein Blick

schweifte umher

die Weite

vor meinem Auge

lies meine Seele entspannen

Möwengeschrei

im Sand

ein paar Schritte

vor mir fand ich ihn

hob ihn auf

und schaute durch sein Inneres

hinaus auf das Meer

aus dem er kam

ich sah

die blauen Wellen

und sah den Himmel

Menschen am Strand

die wie ich auf der Suche waren

so nahm ich ihn mit

und gab ihm bei mir

ein neues zu Hause

manchmal

wenn ich an das Meer denke

und eigentlich

durch den warmen Sand

laufen möchte

schaue ich durch ihn hindurch

hoch zum Himmel

laufe Barfuss

auf weichem Teppich

und lass
für ein paar Sekunden
das Wasser laufen
ein Gefühl ist zurück
meine Seele entspannt

Regentropfen
klopfen laut an das Fensterglas
doch ich lass mich nicht stören
mit Liebe im Herzen
und hoffnungsvoller Seele
schwelge ich bei Kerzenschein
in meinen Erinnerungen
Erinnerungen
diese mir heute noch erzählen
und denen ich so gern lausche
etwas in mir regt sich
ich gehe zum Fenster
und schaue in den Regen
ein dunkles Grau am Himmel
und eine gelbe Sonne im Herzen
ich öffne das Fenster weit
und sehe dich

und du

du siehst mein lachendes Gesicht
und lächelst zurück

zu Hause

Ohne Umweg in dein Herz

kennst du das

du wachst morgens auf

und glaubst

es wird ein Tag wie jeder andere

doch plötzlich

wohnt dann jemand

in deinem Herzen

aus tiefster Seele

mit all deinen Gefühlen

heißt du ihn willkommen

möchtest ihn

nie wieder gehen lassen

und dann

auf einmal

kommt der Tag

an dem du

die Welt nicht mehr verstehst

es gibt kein Wort

nur noch Gefühl

du sehnst dich

nach einem Menschen

der nicht bereit scheint

dir das zu geben

was du dir am meisten wünschst

Liebe

vielleicht

glaubst du auch

alles nur Lüge

doch glaube ich

dieser Mensch wird bereit sein

wenn du es bist

wenn du

deine Selbstliebe entdeckst

und kein Gedanken

kein Gefühl

mehr für ihn übrig bleibt

dann

wird er deine Liebe haben wollen

selbst wenn nicht

dann hast du

unwahrscheinlich viel gelernt

über dich und das Leben

liebe dich selbst

und du wirst geliebt

Mein Blick zur Sonne

ihre wärmenden Strahlen

fange ich ein

und lasse sie in mein Herz

sie wohnen nun dort

und bleiben für die Tage

an denen die Sonne

nicht so warm scheint

Manchmal

kann ich mich selbst

nicht verstehen

frage mein Herz nach dem Warum

doch die Antwort

weiß auch die Seele

Liebe

darum

hatte ich deinen Willen geküsst

bis ich wach wurde

Ein leises Lied in meiner Seele
so alt und doch noch singt sie es
auf weißes Papier
schrieb ich meine Zeilen
gab sie in eine Flasche
und schickte sie auf See
ich sah ihr zu bei ihrer Fahrt
doch blieb am Strand noch stehen
die großen Wellenberge
schluckten sie
sie war nicht mehr zu sehen
doch nun stehst du hier ganz nah
mit meinem Blatt Papier
ich frage mich noch heute
manchmal
wie kam es nur zu dir

Und aus den Tiefen
des Ozeans
tauchte er auf
wohnt in meiner Seele
Tag und Nacht
erzählt mir
die schönsten Geschichten
aus unserer Zeit
mein Herz
nie mehr in Sehnsucht
Tiefseetaucher
du hast Schuld

Es sind die leisen Momente
in einer lauten Zeit
die mich einkehren lassen
in mein Sein
es sind die scheinbar
unüberwindbaren Barrieren
die mich immer wieder einholen
um mich zu bezwingen
es sind die
ach so nicht gewollten Gedanken
die mich immer wieder überrollen
um mir nur was zu sagen
dass ich mich ändern soll
wenn nur einer von ihnen
sagen würde
dass schaffst du
ich würde zur Liebe gehen

dass schaffst du

Es ist der Wind

der leise durch die Bäume singt

kleine Äste wiegen sich ihn ihm

meine Gedanken

fallen sacht zu Boden

betten sich auf das grüne Moos

meine Gefühle

erzählen nur ganz still

kaum zu hören und doch fühle ich

den Wind auch in meiner Seele

frisch und angenehm

kühlt er ihre Stirn

und nimmt ihr die Angst

vorm Morgen

Es gibt ein Haus
dort wohnt die Wahrheit
der Mann der dort wohnte
konnte die Wahrheit nicht leben
jahrelang
so zog die Lüge bei ihm ein
und wurde immer größer
eines Tages fühlte der Mann
die Lüge
muss zur Wahrheit werden
es kam eine Frau in sein Haus
doch sie lebte nicht dort
warum fragte sich ein jeder
dann gab es noch die Gefühle
einer anderen
sie fühlte
der Wunsch des Mannes

bringt nichts Gutes

nicht für ihn

nicht für die Frau die zu ihm kam

so begann die Lüge zu bröckeln

Tag für Tag

und als die Lüge aufgelöst war

sah ein jeder die Wahrheit

es kam ein Mann in sein Haus

und wohnte dort

und beide Männer

lebten ehrlich

und glücklich miteinander

Manchmal

trägt das Herz schwer

die Seele weint

es braucht etwas das Größer ist

das einen hält

es braucht Kraft

um wieder sehen zu können

was das Leben schenken kann

und ist es gewandelt

trägt das Herz

wieder Leichtigkeit

und die Seele lacht

Es ist nicht die Liebe

die warten lässt

es ist ein anderes Gefühl der Macht

es ist nicht die Liebe

die einsam macht

es ist ein anderes Gefühl

dass das möglich macht

warte nicht

es könnte vergebens sein

was weißt du schon von ihm

du fühlst seinen Schmerz

auch seine Freude

doch deine Gedankenkreise

verlege sie

deine Gefühle

frage sie

warum er

werden sie eine Antwort haben

es ist eine Prüfung des Lebens

eine Prüfung deiner Liebe

deiner Liebe zu dir selbst

Eine Schwanenfeder im Wind

sie erhebt sich

über das Grün der Erde

federleicht

so als ob sie auf der Suche wäre

Es ist kein Abschied für immer

viel mehr ein Ausruhen

das Dunkel macht keine Angst

viel mehr

sehe ich dadurch

das Sternenlicht funkeln

und träume mich durch die Nacht

Es ist das Bunt deiner Seele

das mich ermuntert

auch meine Farben zu zeigen

es erinnert mich

an Kindheitstage im Licht

manchmal

schmerzte es tief in meiner Seele

du maltest schwarz

es drang tief

durch meinen Seelenmantel

und erzählte mir von dir

und doch fühle ich das Bunt in dir

Manchmal

gab es Tage

da wachte ich am Morgen auf

aus einem erholsamen Schlaf

mein Gefühl zeigte mir Bilder

die mich erreichten aus tiefster Seele

doch ich wollte sie nicht sehen

ein Gefühl stellte sich ein

meine ganze Welt

sei nur ein Trümmerhaufen

so begann ich

nach innen zu schauen

ich fühlte Angst

doch ich fühlte auch

nur das allein

dieser Blick

den ich noch nie zuvor

wirklich gewagt hatte

kann mir helfen

aus meinem Trümmerhaufen

etwas Wunderbares

entstehen zu lassen

Hier stehe ich nun

sehe die Steine

die durch das Grün

geschmückt wirken

doch warum bin ich hier

wo sind die

die hier einst zu Hause waren

auf mich zurückgeworfen

achte ich auf meine Gedanken

die wie zu Hauff

auf mich einwirken

mein Gefühl

lässt mich ahnen

das hier einmal ein guter Ort war

ein Ort der Begegnung

von Menschen

ihren Gefühlen und Gedanken

warum bin ich hier her gekommen

was zog mich an diesen Ort

mein Glaube

den Weg in mir zu erkennen

damit ich ihn im Außen finde

Der Abend verabschiedet
den bunt gelebten Tag
Ruhe hält Einzug in meiner Seele
still schaue ich in das Kerzenlicht
die Bilder
der vergangenen Stunden
noch in meinem Herzen
und ich weiß darum
für die schönen Stunden
zu danken

71

72

Von Marion Jana Goeritz ebenfalls
beim Verlag BoD erschienen (BoD
Books on Demand, Norderstedt, nähere
Informationen finden Sie unter
www.BoD.de)

„Liebe für die Seele Band 1"
ISBN 978-3-7357-4045-8

„Liebe für die Seele Band 2"
ISBN 978-3-7357-7734-8

„Seelenweiß"
ISBN 978-3-7347-5769-3

„Seelen essen Liebe gern"
ISBN 978-3-7347-8706-5

„SeelenEngel" ein spiritueller Erfah-
rungsbericht
ISBN 978-3-7386-2588-2

„SeelenSchlüssel"
ISBH 978-3-7386-3844-8

„Seelenfarben"
ISBN 978-3-7386-3947-6

„Seelenschimmer"
ISBN 978-3-7386-4014-4

„Seelenfinden"
ISBN 978-3-7386-4037-3

„Ein Gefühl meiner Seele"
ISBN 978-3-7386-1506-7

„Seelenfrieden" Danken, Bitten, Ent-
spannung ein persönlicher Erfahrungsbe-
richt
ISBN: 978-3-7386-4884-3

„Seelenweihnacht"
ISBN: 978-3-7386-5616-9

„Im Land unter dem Regenbogen" Wunderbare Märchen und unglaubliche Geschichten
ISBN: 978-3-7392-0115-3

„Freddy und seine Geschichten"
ISBN: 978-3-7386-3321-4

„SeelenWorte"
ISBN: 978-3-7392-0455-0

„Herzanker"
ISBN: 978-3-7392-3482-3

„Im Fluss der Liebe"
ISBN: 978-3-7392-3489-2

„Seelenklänge"
ISBN: 978-3-7392-3532-5

„Liebeslied"
ISBN: 978-3-7392-3548-6

„Wahre Traumtänzerin"
ISBN: 978-3-7392-3556-1

„Emilia Sommerfeld"
ISBN: 978-3-7392-3787-9

„Für mich war es Liebe"
ISBN: 978-3-8423-5362-6

„Kaleidoskop"
ISBN: 978-3-8423-5738-9

„Die verzauberte Wiese"
ISBN: 978-3-7412-0772-3

„Seelenbrücke"

ISBN: 978-3-7412-0890-4

„Wetterleuchten"

ISBN: 978-3-7412-2740-0

„Zentrifuge"

ISBN: 978-3-7412-4011-9

„Für Dich"

ISBN: 978-3-7412-4018-8

„Hannos Geschichten"

ISBN: 978-3-7412-9373-3

„Das Eulenherz"

ISBN: 978-3-7431-0009-1

Weitere Informationen zu Neuerschei-
nungen finden Sie immer auf meiner
Seite

www.buchkaleidoskop.Reikipraxis-
Goeritz.de

08